सही STEEL की सच्ची STORY

STEEL STORRY

STAINLESS STEEL

की खरीद पर पैसा बचाने के 9 रहस्य

सही STEEL की सच्ची STORY

STEELSTORRY

STAINLESS STEEL

की खरीद पर पैसा बचाने के
9 रहस्य

MANDEEP GOYAL | CA SHALU GOYAL

Worldwide Published by
Pendown Press

PENDOWN PRESS

An ISO 9001 & ISO 14001 Certified Co.,

Regd. Office: 2525/193, 1st Floor, Onkar Nagar-A,
Tri Nagar, Delhi-110035

Ph.: 09350849407, 09312235086

E-mail: info@pendownpress.com

Branch Office: 1A/2A, 20, Hari Sadan, Ansari Road,
Daryaganj, New Delhi–110002

Ph.: 011-45794768

Website: PendownPress.com

Second Edition: 2023
Price: ₹799/-
ISBN: 978-93-5554-573-2

Layout and Cover Designed by Pendown Graphics Team
Printed and Bound in India by Thomson Press India Ltd.

विषय-सूची

लेखक परिचय
About Author

नमस्ते,

मैं मनदीप गोयल पिछले 27 वर्षों से फैब्रिकेशन की इंडस्ट्री से स्वयं जुड़ा हुआ हूँ। वैसे तो हम इंडस्ट्री से 90 के दशक से जुड़े हुए हैं, जबसे मेरे पिताजी श्री जय भगवान जी गोयल ने MS Casting के काम, Shree Vaishno Foundry Works की शुरूआत की जिसे मैंने 1996 में 11 साल की उम्र में ज्वाइन किया व 2008 में हमने स्टेनलेस स्टील के होलसेल ट्रेडिंग बिजनेस, "Radha Raman Traders" की शुरुआत की।

मैं व्यापारी होने के साथ-साथ एक सामाजिक व धार्मिक कार्यकर्ता भी हूं व वक्ता के रूप में भी जाना जाता हूं। मुझे लोग कम्युनिकेशन का भीष्म पितामह भी कहते हैं, मैं "राधा रमण ट्रेडर्स" (RRT) के नाम से दिल्ली में स्टेनलेस स्टील के रॉ मैटेरियल व प्रोडक्ट्स की रिटेलिंग व होलसेलिंग का बिजनेस सफलतापूर्वक कर रहा हूँ।

बचपन से ही मेरी रुचि स्टेनलेस स्टील में थी क्योंकि अपने स्कूल के दिनों से ही मैंने विश्व प्रसिद्ध स्टील टायकून लक्ष्मी मित्तल के बारे में सुन रखा था। तभी मैंने यह फैसला कर लिया था कि मुझे पूरे भारत का स्टील किंग बनना है। मैं उस टाइटल को पाने के लिए जी-तोड़ मेहनत कर रहा हूं और आज हम उसके बहुत ही करीब हैं व मेरी पत्नी सी.ए. शालू गोयल भी मेरे साथ

इस बिज़नस से जुड़ चुकी है व इसे आगे बढ़ाने में मेरा पूरा साथ दे रही है। अब आपको CA के साथ स्टील बिजनेस कुछ अटपटा सा लग रहा होगा। आप ये सोच रहे होंगे कि इन्हें तो फाइनेंस के क्षेत्र में जाना चाहिए था।

मैं शालू गोयल शुरू से ही बिजनेस को लेकर उत्साही रही हूँ। क्योंकि पहले भी मेरा 'बिजनेस बैकग्राउंड' रहा है। मेरे पिताजी का हार्डवेयर का बिजनेस था, और इसमें भी मैंने अपने ज्ञान से भरपूर योगदान दिया। मैंने एक सी.ए. के रूप में अर्जित अपने अनुभव से अपने पिता के बिजनेस को संवारा।

इन्हीं अनुभवों ने मुझे स्टेनलेस स्टील के खरीदारों के लिए कुछ बड़ा और बेहतर करने की प्रेरणा दी। आज मैं अपने 30 साल की विरासत और अनुभव को स्टेनलेस स्टील के अपने बिजनेस को बुलंदियों पर ले जाने और उत्तम क्वालिटी की स्टेनलेस स्टील को जन सुलभ बनाने की दिशा में प्रयत्नशील हूँ।

मैं खुद एक होममेकर हूँ इसलिए मुझे पता है कि जब आप मार्केट में जाते होंगे तो किन तरह की समस्याओं का सामना आपको करना पड़ता होगा, किन चीज़ों को लेकर आप कंफ्यूज होते होंगे और इसलिए मैं आपकी मदद करना चाहती हूँ।

RRT को आज इस उद्योग के विशेषज्ञ और 'फैब्रीकेटर जगत की आँख के रूप में जाना जाता है। जिसके पास सभी ग्रेड्स में SS के पाइप्स व एक्सेसरीज शीट्स, एंगल्स, रोड्स, पत्ती व फिटिंग का सामान उपलब्ध है। हम 4500 से भी ज्यादा उत्पाद रखते हैं। हम समाधान के रूप में 'एक ही छत के नीचे सभी उत्पाद' की व्यवस्था प्रस्तुत करते हैं, जहाँ हम काटने, वैल्ड करने और पोलिश करने सहित फैब्रिकेशन से जुड़ी स्टेनलेस स्टील का सभी प्रकार

का सामान उपलब्ध करवाते हैं जो कि गेट, रेलिंग, ग्रिल, एस.एस. रैक्स, फर्नीचर बनाने में लगता है।

हम अपने व्यापार को नई ऊँचाइयों व मुकाम पर पहुँचाने के लिए इंडिया के बेस्ट व टॉप बिजनेस कोचेज, मेंटर्स व मार्केटिंग के चाणक्य से कोचिंग ले रहे हैं।

भारत में हम अभी तक पहली व इकलौती दुकान हैं जहाँ इतनी वैरायटी में सभी क्वांटिटी व क्वालिटी में सामान उपलब्ध करवाते हैं जो गेट, रेलिंग, ग्रिल, S.S. रैक्स, फर्नीचर बनाने में लगता है।

आभार

Acknowledgements

हम उन लोगों के प्रति अपना आभार व्यक्त करना चाहते हैं जिन्होंने इस पुस्तक को इसके वर्तमान स्वरूप तक लाने में हमारी मदद की। हम उन सभी के प्रति दिल की गहराइयों से शुक्रगुजार हैं जिन्होंने अपनी अपनी क्षमता और ज्ञान के अनुसार इस पुस्तक में योगदान दिया, पुस्तक के कंटेंट को पढ़ा, उन पर अपना मंतव्य (कमेंट) दिया, उनके बारे में बातें की, उसे 'रिवाइज' करवाया, हमें उनके द्वारा दिए गए रिमार्क्स को पुस्तक में शामिल करने की अनुमति दी, और एडीटिंग, प्रूफरीडिंग से लेकर डिज़ाइन तक में अपना योगदान दिया। आप सभी का बहुत-बहुत धन्यवाद व आभार।

सबसे पहला धन्यवाद ईश्वर को जिन्होंने हमें हमारे सपनों को पूरा करने हेतु ताकत दी।

विशेष रूप से हम अपने माता पिता के आभारी हैं व उनका धन्यवाद करते हैं जिन्होंने बचपन से हमें भरपूर प्यार दिया व आत्मनिर्भर व आत्म विश्वासी बनने में हमारी मदद की कि आज हम जिस काम में हाथ डालते हैं वो सफलतापूर्वक पूरा होता है।

हम अपनी बेटियों, याशवी और काशवी को पुस्तक निर्माण के सभी चरणों में हमें ऊर्जावान बनाए रखने और उनके शाश्वत प्रेम के लिए दिल की गहराइयों से धन्यवाद देना चाहते हैं।

आभार

हम अपने दोनों भाई दिनेश और जतिन, सब प्यारे बच्चे व पूरे परिवार का धन्यवाद करते हैं जो सदैव हर कदम हमारे साथ हैं।

हम अपने सभी गुरुओं का दिल से अभिवादन करते हैं जो हमारा लगातार मार्गदर्शन करते हैं, व विशेष रूप से गुरू श्री अक्षर यादव जी को धन्यवाद जो हमारे मार्केटिंग मेंटर रहे हैं और अब लाइफ कोच हैं। जिनकी प्रेरणा और लगातार प्रोत्साहन के बिना यह पुस्तक अस्तित्व में नहीं आती।

हम धन्यवाद करते हैं हमारी RRT टीम, हमारे फैब्रिकेटर ग्राहक, वेन्डर्स जिनके सुझाव, प्रतिक्रिया से इस किताब को हम पूरा कर पाए।

इन सभी के अतिरिक्त हम अपने सारे मित्र, रिश्तेदार व अपने मित्र श्री दिनेश वर्मा जी सी.ई.ओ. पेनडाउन प्रेस और उनकी टीम को भी उनके रचनात्मक सुझाव और सहयोग के लिए दिल की गहराइयों से धन्यवाद देते हैं।

यह पुस्तक आखिर क्यों?
Why This Book?

यह पुस्तक खास आपके लिए लिखी गई है जिसे पढ़कर आप अपने लिए स्वयं तय कर सकते हैं कि गेट, ग्रिल, रेलिंग आदि बनवाने के लिए कौन-सा मैटेरियल सही है। इसको पढ़ने के बाद आपको यह पता चलेगा कि आप अपने घर, फैक्ट्री ऑफिस साइट के लिए बाज़ार में उप्लब्ध इतने सारे विकल्पों में से क्या कैसे और किसे चुनें?

हमारा ये मिशन है कि हम आपको इतनी जानकारी दें कि आप अपने लिए उचित सही निर्णय ले सकें।

हमने देखा है कि लोगों को इतनी जानकारी नहीं होती जिसकी वजह से वो कन्फ्यूज्ड हो जाते हैं और पैसे बचाने के चक्कर में वो गलत या लोकल माल खरीद कर अपना नुकसान कर बैठते हैं। आप सब हमारा परिवार हैं, हम चाहते हैं कि आप अपने लिए जो भी बनवा रहे हैं उसके लिए बेस्ट मैटेरियल च्वाइस करें। ताकि वह हमेशा मजबूत व चमकता रहे।

कितना अच्छा लगता है जब सब आकर आपके घर की तारीफ करते हैं और कहते हैं क्या बढ़िया चीज़ है, बहुत अच्छा लग रहा है किससे बनवाया, कहां से लिया?

आपको अपनी च्वाईस पर गर्व हो रहा होता है और दिल में खुशी भी जो आपको सुकून दे रही होती है कि आपके द्वारा कराया गया काम सब में चर्चा का विषय बना हुआ है।

एक व्यक्ति जब कुछ बनवाता है वो अपनी मेहनत की कमाई, (दिन-रात काम करके जमा की हुई पूंजी) उसमें लगा रहा होता है। उसके लिए सबसे बड़ी खुशी का पल वह होता है जब वह अपनी पसंद की एक-एक चीज़ जिसे वो खुद सेलेक्ट करता है, उसमें लगवाता है।

यह हमारा आपसे वादा है कि इस किताब को पढ़ने के बाद आपको

- सही व गलत
- असली व नकली
- लोकल व ब्रांडेड

की पहचान होगी और आपको ऐसा लगेगा कि आपने अपने लिए **मर्सिडीज खरीद ली है।**

-1-

स्टेनलेस स्टील

Stainless Steel (S.S.)

घर में प्रवेश करते हुए सबसे पहले जिस पर नजर पड़ती है वह है घर का मेन गेट और रेलिंग। ये सब घर के बहुत महत्वपूर्ण हिस्से हैं। ये आपके घर को सिर्फ खुबसूरती ही नहीं बल्कि सुरक्षा भी प्रदान करते हैं। इन सबको बनाने के लिए विश्व में सबसे ज्यादा स्टेनलेस स्टील (S.S.) इस्तेमाल होता है।

ये जानने से पहले कि S.S. क्यों चुनें पहले जानते हैं कि S.S. होता क्या है।

S.S. लोहे पर आधारित मिश्र धातुओं के एक परिवार का नाम है जो ज़ंग और गर्मी प्रतिरोध के लिए जाना जाता है। (Corrosion and Heat Resistant).

S.S. की मुख्य विशेषताओं में से एक है इसमें न्यूनतम क्रोमियम 10.5% जो इसे अन्य प्रकार की स्टील की तुलना में संक्षारण के लिए बेहतर प्रतिरोध प्रदान करती है। (Resistant to Corrosion)

अन्य स्टील की तरह S.S. मुख्य रूप से लोहे और कार्बन से बना है लेकिन कई अन्य मिश्र धातु तत्वों के साथ सबसे प्रमुख क्रोमियम है।

S.S. में पाए जाने वाले अन्य सामान्य मिश्र धातु-

- निकल (Nickel)
- मैग्नीशियम (Magnesium)
- मोलिब्डेनम (Molybdenum)
- नाइट्रोजन (Nitrogen)
- सलफर (Sulfur)
- तांबा (Copper)
- कार्बन (Carbon)
- सिलीकॉन (Silicon)
- टाइटेनियम (Titanium)
- एल्यूमीनियम (Aluminium)

जब क्रोमियम को स्टील से मिलाया जाता है, तो यह क्रोमियम ऑक्साइड बनाता है, जो हवा और नमी को ज़ंग लगने से रोकने के लिए एक सुरक्षात्मक सतह के रूप में काम करता है।

S.S. में कई ग्रेड आते हैं जिसमें से प्रत्येक में अलग धातु मिश्रण होता है और अपनी अलग विशेषताएं भी।

S.S. को शीट्स, प्लेट्स, बार्स, वायर, टयूबिंग में रोल किया जा सकता है।

अन्य धातुओं की तुलना में S.S. को इतना महत्व इसलिए दिया जाता है क्योंकि-

- यह ज़ंग प्रतिरोधी है (Corrosion Resistant)
- इसमें उच्च शक्ति और स्थायित्व है (High Strength and Durability),

- यह उच्च और निम्न तापमान प्रतिरोधी है (High and Low Temperature Resistance),
- उच्च गर्मी और ऑक्सीजन प्रतिरोधी है (Heat and Oxidation Resistance),
- आसान निर्माण (Easy Fabrication),
- कम रखरखाव (Low Maintainance),
- लंबे समय तक चलने वाला (Long Lasting),
- आकर्षक (Attractive),
- पर्यावरण के अनुकूल (Environment Friendly)
- प्रयोग्य (Recyclable)

स्टेनलेस स्टील (S.S.)

इसे S.S. क्यों कहा जाता है-

1. "स्टेनलेस स्टील" अर्थात वो स्टील जिस पर कोई दाग धब्बा नहीं लगता व ज़ंग नहीं आता। (Stain and Corrosion Free)
2. S.S. सादा, शांत व सरल है (Simple and Sober)
3. S.S. को "वंडर मेटल" (Wonder Metal) भी कहा जाता है क्योंकि इसका रखरखाव आसान है, लंबे समय तक चलता है, ज़ंग रहित है, सुरक्षित और मजबूत है। एक ही बार खर्चा होता है तो मुनाफा भी है।
4. सबसे बड़ी बात इसकी चांदी जैसी चमक (Silver Shine) है जो हमेशा बनी रहती है और इससे बने हुए प्रोडक्ट बहुत लुभावने, सुंदर व आकर्षक होते हैं।

आज हम S.S. के बगैर दुनिया की कल्पना भी नहीं कर सकते।

आज आप देखेंगे हर जगह S.S. का इस्तेमाल हो रहा है। घर में S.S. के बरतन, कुकवियर, कत्लरी, मॉल में रेलिंग, मेट्रों में हर जगह S.S. का उपयोग, सर्जिकल उपकरणों, प्रमुख उपकरणों, वाहनों, उद्योगिक उपकरण (जैसे पेपर मिल, रसायनिक संयंत्रों, जल उपचार), और कैमिकल और खाने के टैंकरों, बाथरूम फिटिंग, रेलवे, हवाईजहाज व हवाई अड्डा और अब तो पूरी बिल्डिंग भी S.S. की बन रहीं है।

-2-

सर्वोत्तम होने के साक्ष्य
Believe in the Best

1. S.S. में नए सुंदर व दिल को लुभाने वाले आकर्षक डिज़ाइन विभिन्न अकारों में मिलते हैं। (New and Attractive Design in Varying Sizes)
2. यह आग, गोली, बम, बारूद तथा तेज आवाज प्रतिरोधी है। (Resistance to Fire, Bullet & Sound)
3. यह आसानी से साफ हो जाता है और इसका रखरखाव आसान होता है, क्योंकि इस पर निशान, दाग धब्बे नहीं आते। (Easy Maintenance and Immune to Scratch, Dent and Stain)
4. S.S. क्रोमियम से बना होता है जो इसे ज़ंग प्रतिरोधी बनाता है अर्थात इस पर ज़ंग नहीं लगता (Corrosion resistant)
5. इस पर किसी मौसम (हवा, पानी आदि) का प्रभाव नहीं होता। (Weather Resistant)
6. S.S. के डिज़ाइन आसानी और सफाई से बनते हैं और इसलिए जहाँ भी ये लगा होता है उस जगह की खूबसूरती बढ़ जाती है, उसमें नई जान आ जाती है (Easy to Design and Adds Charm, Enhance Appeal of Place)

7. S.S. बहुत लचीला, मुलायम व लोचदार होता है (Flexible and Elastic) अर्थात इस पर कोई भी डिज़ाइन आसानी से ढल जाता है।

8. यह किफायती व फायदेमंद होता है क्योंकि यह लंबे समय तक चलता है व इस पर कोई पेंट, रखरखाव का खर्चा नहीं होता बस एक ही बार खर्चा करना होता है। (Cost Efficient and One Time Investment)

9. S.S. मजबुत व सुरक्षित होता है। इस पर कितना भी वजन डाल लें, या आपके बच्चे इस पर लटक जाएं पर इसकी मजबुती बनी रहती है (Strong and Secure) अगर सही गेज़ का इस्तेमाल किया जाए।

10. S.S. लंबे समय तक चलता है। (Long Life)

11. S.S. दुनिया में सबसे अधिक रिसाइकिल मैटेरियल में से एक है। S.S. 100% रिसाइकल करने योग्य है अर्थात इसके गुणों को खोए बिना इसे पिघलाया और बार-बार उपयोग किया जा सकता हो।

12. S.S. किसी भी उद्योग के लिए सबसे स्वच्छ (Hygiene) विकल्प है, क्योंकि ये अत्यधिक सफाई तकनीकों का सामना कर सकता है। इसलिए बर्तन, कुकवियर, होस्पीटल व सर्जिकल इंस्ट्रूमेंट S.S. के आते हैं।

13. S.S. अपनी ताकत और स्थायित्व बढ़ाने (Long Life) के लिए जाना जाता है व S.S. उच्च तापमान (High Temperature) व भारी भार का सामान कर सकता है। (Durable and Temperature Resistant)

इतने सारे फायदे, पर बात आती है सही S.S. कैसे चुनें?

- S.S. चुनते हुए किन बातों का ध्यान रखें?
- आगे ये सारी बातें एक-एक करके आपको बताई जाएंगी।

-3-

स्टेनलेस स्टील के ग्रेड
Grade of S.S.

जब भी आप बाज़ार में S.S. लेने जाएंगे तो आपसे पूछा जाएगा कौन-सा ग्रेड S.S. का लेना है।

अब ये ग्रेड क्या है?

जैसे कपड़ा बहुत प्रकार का होता है कॉटन, रेयान, जॉर्जेट, वूलन खादी उसी तरह S.S. भी बहुत प्रकार का होता है। लेकिन Gate, Railing बनाने में जो S.S. ग्रेड इस्तेमाल होता है वो अलग होता है और जो हम अपनी रसोई में S.S. के बर्तन प्रयोग में लाते है वो अलग ग्रेड का होता है।

- S.S. में कम से कम 10.5% क्रोमियम होना चाहिए। ग्रेड के आधार पर इसमें अधिक क्रोमियम और निकल, टाइटेनियम, एल्यूमीनियम, तांबा, फॉस्फोरस जैसे मिश्र धातु तत्व हो सकते हैं।

अब गेट, रेलिंग बनाने में जो S.S. ग्रेड प्रयोग होता है वह है।

1. 202 S.S. ग्रेड
2. 304 S.S. ग्रेड
3. 316 S.S. ग्रेड

हर ग्रेड में Nickel & Chromium की मात्रा अलग होती है जो हर ग्रेड को एक दूसरे से अलग पहचान देती है।

ग्रेड	**क्रोमियम** (Chromium)	**निकल** (Nickel)
ग्रेड 202	16% +	0.5% +
ग्रेड 304	18% +	8% +
ग्रेड 316	16-18% +	10-14% +
	+2-3% Molybdenum (मोलिब्डेनम)	Small % of Carbon

316 S.S. में मोलिब्डेनम जोड़ने से किसी अन्य ग्रेड की तूलना में इसका ज़ंग प्रतिरोध बढ़ जाता है।

316 का उपयोग ज्यादातर ज़ंगरोधक वातावरण (Corrosive Environment) जैसे रसायनिक संयंत्रों (Chemical Plant) रिफाइनरियों और समुद्री उपकरणों (Marine Equipment) फर्नेस पार्ट्स, जेट इंजन पार्ट्स, पंप और टैंक पार्टस, तटीय क्षेत्रों व खारा पानी वाली जगह (Coastal Regions and High Saline Environment) चिकित्सा उपकरणों के निर्माण में किया जाता है।

अब आप सोच रहे होंगे तो हमें कौन-सा ग्रेड चुनना है 202 या 304?

बताइए अगर आपको खाना बहुत अच्छा बनाना है तो आप देसी घी में बनाएंगे या डालडा घी में?

जवाब है देसी घी

तो आप समझिए

ग्रेड 202 है डालडा घी

ग्रेड 304 है देसी घी

ग्रेड 304 पानी से बचने की बरसाती व छतरी है तथा

ग्रेड 202 हल्की प्लास्टिक है जिससे पूरी तरह से बचाव नहीं होगा।

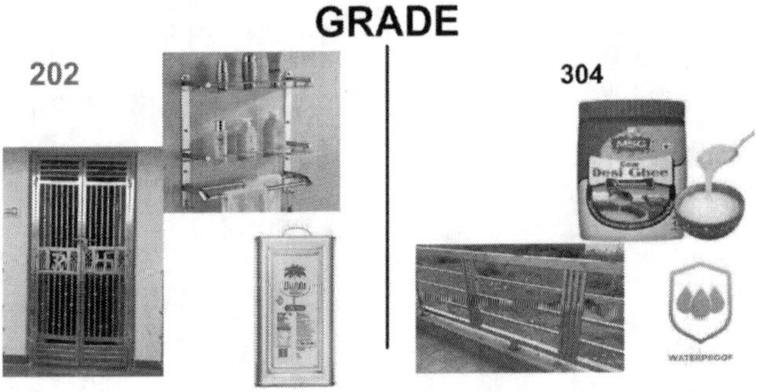

ग्रेड 304 हम घर के बाहर जहां पानी पड़ता रहता है वहां प्रयोग करते हैं। तथा ग्रेड 202 घरों के अंदर इस्तेमाल होता है।

ग्रेड 202	ग्रेड 304
पानी से खराब हो सकता है।	पानी का कोई असर नहीं होता है।
यह डालडा घी की तरह है।	यह देसी घी की तरह है।
घर के अंदर इस्तेमाल करें।	घर के बाहर प्रयोग करें।
ज़ंग विरोधक है परंतु घर के अंदर व कम पानी की जगह में प्रयोग करें।	ज़ंग बिल्कुल भी नहीं लगता अगर सही से इस्तेमाल हो।
जीने की रेलिंग, अंदर के गेट आदि।	मेन गेट, बालकनी, रेलिंग, झूला, खिड़की की ग्रिल व फर्नीचर बनाने में।

अब आप आसानी से बता पाएंगे कि आपको 202 या 304 कौनसा ग्रेड लेना है।

विशेष बात

ग्रेड 304 स्टेनलेस स्टील पूरे विश्व में सबसे ज्यादा प्रयोग में आने वाला ग्रेड है S.S. का अपने मूल्य और ज़ंग विरोधक होने के कारण।

-4-

S.S. ग्रेड की जांच
Test of Grade

बाज़ार में सही बताने के बाद भी वो आपको दूसरा ग्रेड का माल दे देंगे व पैसे अलग ग्रेड के लेंगे, क्योंकि मुनाफा होता है।

रेट लगाएंगे हेवी ग्रेड का व माल देंगे हल्के ग्रेड का।

इसके लिए आपको पता होना चाहिए सही ग्रेड कैसे पता करते हैं। क्योंकि दोनों ग्रेड देखने में बिल्कुल एक जैसे लगते हैं।

1. माल पर लिखा आता है।

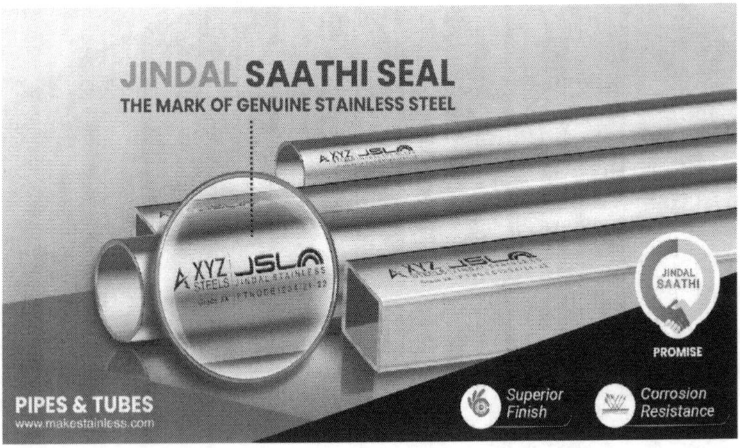

2. लिक्वड टेस्ट (ये हरा रंग होता है)

आप दो बूंद इस की डालेंगे तो 202 का रंग बदल जाएगा लाल/संतरी में।

व 304 का रगं वही रहेगा हरा (जो लिक्वड का है) ये लिक्वड बाज़ार में आसानी से मिलता है।

3. स्पार्क टेस्ट (Spark Test) जब Cutter Machine से इसको काटते हैं तो 304 की स्पार्क पतली व हल्की चिंगारी की तरह होती है। व 202 की स्पार्क थोड़ी ज्यादा पीले रंग की व मोटी तेज होती है। ऐसा Nickel की मौजूदगी की वजह से होता है।

4. लैब टेस्ट (Spectro)

-5-

स्टेनलेस स्टील गेज़ (मोटाई)

Gaze of S.S.

ग्रेट चूनने के बाद दूसरी बात आती है गेज़।

गेज़ मतलब मोटाई (Thickness) बाज़ार में सभी तरह 10, 12, 14, 16, 18, 20, 22, 24 गेज़ आपको मिलेंगे।

मतलब जो S.S. पाईप, शीट ले रहे हैं वो कितने गेज़ अर्थात वो कितना भारी है (थीकनेस, मोटाई)

रूल ऑफ गेज़	
जितना गेज़ नबंर बढ़ेगा	उतना हल्का व पतला
जितना गेज़ नबंर घटेगा	उतना मोटा व भारी

जितना कम गेज़ होगा वो S.S. मैटेरियल में उतनी ही ज्यादा ताकत होगी व उतनी आसानी से वेल्डिंग होगी।

तथा

जितना ज्यादा गेज़ होगा वो S.S. मैटेरियल में उतनी कम ताकत होगी व वेल्डिंग में दिक्कत आएगी।

तो अब आप कौन-सा गेज़ लेंगे ये निर्धारित होगा वो मैटेरियल कहां और किस काम में इस्तेमाल करना है व उसपर कितना भार डालना है व उसकी लंबाई कितनी है।

GAZE {Thickness}

More number is = light and thin
And less number = heavy and thick

14,16,18,20,22

Internationally recommended for home is = 16 GAZE

इंटरनेशनल, स्टेंडर्ड रिकोमेंडेड (International Standard Recommended)

घर (For Home)-16 गेज़ 1.65 mm

व्यवसाय (For Commercial)-12,14 गेज़

सही गेज़ बहुत महत्वपूर्ण है क्योंकि अगर हमने सही भार व इस्तेमाल के हिसाब से गेज़ नहीं चुना तो ज्यादा भार या इस्तेमाल से खराब हो जाएगा या झुक जाएगा।

-6-

ज़ंग
Corrosion

हम सब MS (लोहे) की जगह S.S. का इस्तेमाल इसलिए ही करते हैं ताकि हम ज़ंग की समस्या रो बच पाएं।

आइए जानते हैं आखिर ज़ंग (Corrosion) होता क्या है।

आपने देखा हेगा मिठाई कई दिनों तक रखी रहे तो वो खराब हो जाती है। उसके ऊपर हरी, सफेद परत आ जाती है या अगर आप देखें तो पानी के ऊपर भी हरी-हरी काई (Algae) आ जाती है। जैसे ये हरी व सफेद परत बताती है कि वो पानी व खाना खराब हो गया है, ठीक उसी तरह अगर आपने कभी देखा होगा, भूरा या संतरी रंग की पपड़ी उतरती है रेलिंग से जो आपके हाथ पर लगती है तो हाथ लाल हो जाता है। इसको ही हम ज़ंग कहते हैं।

MS लोहा होता है। उस पर पानी लगने से ज़ंग लगना शुरू हो जाता है। उससे बचने के लिए हमें हर थोड़े समय बाद उस पर रंग (Paint) कराना पड़ता है। इसी दिक्कत से बचने के लिए हम स्टेनलेस स्टील का प्रयोग करते हैं। इसलिए कहा जाता है उसमें ज़ंग नहीं लगता। ऐसा इसलिए होता है क्योंकि उसमें क्रोमियम होता है जिससे S.S. की चमक सालों साल बनी रहती है, न ही उस पर रगं (Paint) कराना पड़ता है।

S.S. में कम से कम 10.5% क्रोमियम होता है। यह क्रोमियम S.S. की सतह पर एक पतली ऑक्साइड परत बनाने के लिए आस-पास के ऑक्सीजन के साथ तेजी से प्रतिक्रिया करता है। (React with Surrounding Oxygen)

इसलिए यह एक सुरक्षात्मक सतह के रूम में काम करता है। यह S.S. को ज़ंग प्रतिरोध देता है।

लेकिन S.S. कुछ स्थितियों में ज़ंग खा सकता है अगर यह लंबे समय तक हानिकारक रसायनों (Chemical), खारा (Saline), तेल, नमी, या गर्मी के संपर्क में रहे।

-7-

डिज़ाइन व रंग
Design and Colour

लेडिज जब भी शॉपिंग पर जाती है तो हमेशा कहती है इसमें और डिज़ाइन व कलर दिखाए, तो भला स्टेनलेस स्टील कैसे पीछे रह सकता है।

1. S.S. में भी बहुत सारे डिज़ाइन होते हैं।
2. S.S. के साथ और अलग अलग तरह के मैटेरियल इस्तेमाल होते हैं जैसे ग्लास, लकड़ी, एसीपी शीट, एचपीएल शीट, एल्यूमीनियम डिज़ाइन देने के लिए।
3. S.S. में आज के हिसाब से डिज़ाइनर, एलिगेंट ट्रेंडी, मॉडर्न दिखने वाले डिज़ाइन बनते हैं।
4. PVD S.S. भी आने लगा है जिसमें Golden, Copper, Black, Blue, Red, Rose gold and Matte finish और भी तरह-तरह के रंग आते हैं।

-8-

चमक बरकरार रखरखाव आसान
Maintenance and Finishing

आपको बताते हैं S.S. के रखरखाव व वो बनने के बाद कैसा लगता है।

S.S. की रखरखाव व देखभाल बहुत आसान होती है।

1. सिर्फ आपको साफ और हल्के गीले कपड़े से उसको अच्छे से रगड़-रगड़ के साफ करना है, वो चमक उठेगा।

   कोई जूना, केमिकल, ब्रुश किसी चीज़ के प्रयोग से S.S. खराब हो जाएगा व उस पर निशान आ जाएगा।

2. S.S. में वेल्डिंग बहुत आसानी से हो जाती है।

3. इसको बनने के बाद जब हम आखिर में देखते हैं तो बिल्कुल मलमल या रेशम की तरह चिकना व मुलायम दिखता है।

4. इसकी अपनी चांदी की तरह चमक होती है। जो सालों साल चमकती रहती है।

5. ये बनने के बाद बहुत खुबसूरत व आकर्षक लगता है।

6. इसमें ज़ंग नहीं लगता इसलिए कोई अलग से पेंट कराने की जरूरत नहीं होती।

-9-

कंपनी और गुणवत्ता
Company & Quality

हमने सारी बात तो बता दी कौन सा ग्रेड लेना है, कितना मोटा, पतला (गेज) उसके रखरखाव, फायदे, गुण और भी बहुत कुछ।

अब सबसे बड़ी बात आती है क्या सारी कंपनी का माल अच्छी क्वालिटी का होता है या नहीं?

जैसे आईसक्रीम मदर डेयरी, क्वालिटी वाल्स की अच्छी होगी लेकिन अगर हम कोई लोकल आईसक्रीम खा लें तो बीमार पड़ जाएंगे।

वैसे ही अमूल दूधा अच्छा है लेकिन हम किसी भी ऐसी दुकान से खुला दूध ले लेंगे तो उसमें ज्यादा मिलावट होगी।

फेविकॉल का मजबूत जोड़ है लेकिन हम कोई ऐसा ही गोंद बाहर से ले आएं तो उससे अच्छे से चिपकेगा ही नहीं।

तो क्या कभी आपने सोचा क्वालिटी, कंपनी, ब्रांड व लोकल माल कितना हमे फायदा नुकसान दे सकता है। हमें हमेशा हाई क्वालिटी मैटेरियल ही चुनना चाहिए ताकि वो लंबे समय तक चले, सुरक्षा दे और वो बिना मिलावट का हो। हमारे पैसे भी बचाए

क्योंकि हमें एक ही बार लगाना है। हमेशा अच्छी ब्रांड ही चुनें, ओरिजिनल व असली चुनें।

S.S. में भी असली नकली माल आता है। आप खुश होकर लोकल माल ले तो लेंगे क्योंकि उसमें आपके पैसे बचेंगे लेकिन उसमें उतनी मिलावट होगी कि वह ज्यादा दिन नहीं चलेगा, ज़ंग लग जाएगा और हो सकता है आपको कोई बड़ा नुकसान भी दे जाए।

S.S. में हमेशा कंपनी का माल ही चुनें। क्योंकि इसमें नकली माल भी आता है।

S.S. में हमेशा Jindal का ही माल लें व वही माल लें जिनका original certificate मिले।

ये है जिंदल की असली पहचान।

-10-

खर्चा एक बार उपयोग बार-बार

One Time Expense, All time Use

अब आखिर में बात आती है खर्चा या पैसों की। कोई भी चीज़ सस्ती या महंगी नहीं होती, ये सब आपकी जरूरत और वो आपके कितने काम आने वाली है, उस पर निर्भर करता है।

1. जरा सोचिए: आज आपने हल्का माल चुनकर रेलिंग लगाई और उसी की वजह से आपके कीमती कपड़ों पर ज़ंग का निशान आ जाए और कभी न हटे तो आप यही सोचेंगे न कि थोड़े पैसे बचाने के चक्कर में अपना नुकसान कर बैठे।

2. आपका बच्चा गेट पर झूल रहा है और हल्के माल लगा होने की वजह से गेट टूट गया व बच्चे को गंभीर चोट आ गयी या कुछ अनहोनी हो गयी तो आप जिंदगी भर अपने आपको कोसते रहेंगे कि चंद पैसे बचाने के चक्कर में आपने अपने बच्चे की जिंदगी दांव पर लगा दी थी।

3. आपका खर्चा एक बार होना है बार-बार नहीं (One Time Investment) आपको लेबर उतनी ही देनी है। सस्ते माल से सिर्फ कुछ हज़ार बचेंगे तो हमेशा अच्छी क्वालिटी व ब्रांड का ही माल लें। जरूर वो आज आपको दो रुपए ज्यादा महंगा मिले पर आपको लंबे समय में फायदा व सुरक्षा ही देगा।

तो आप अपने लिए पैसे बचा ही रहे हैं वरना आप आज हल्का व सस्ता लेकर आने वाले समय में उससे चार गुणा ज्यादा ही खर्च करेंगे। बस अब आपका काम है सही मैटेरियल, बढ़िया फैब्रिकेटर चुनना जो आपका काम अच्छे से कर दे।

-11-

S.S. गुणों की खान
Abundance in Qualities

S.S. पर आपको सिर्फ एक ही बार खर्च करना है।

गर सही माल ग्रेड, गेज़ सब कुछ अच्छे से समझ कर सैटिस्फाई होकर ही लें।

- ✓S.S. एक बार हमेशा के लिए (One Time Investment)
- ✓S.S. पर आपको कोई पेंट नहीं कराना। (No Paint Cost)
- ✓उसकी रखरखाव बहुत आसान है। (Easy Maintenance)
- ✓लोकल माल से हमेशा बचें (Buy Company and Branded Products)
- ✓जिंदल कंपनी का सरटीफाइ मैटेरियल ही लें जो आपको लंबे समय में मुनाफा व सुरक्षा दे (Jindal Certified Material)
- ✓चमक हमेशा के लिए। (Silver Shine Forever)
- ✓कभी ज़ंग नहीं लगता (Corrosion Free)
- ✓लंबे समय चलता है मजबूत व सुरक्षित (Strong, Secure, Lasts for Years)
- ✓सही ग्रेड व गेज़ चुनें। (Choose right Grade and Gaze)

रिश्ते हों या घर
मिलावट से दूर रहें।
बनाएं अपने सपनों का घर
स्मार्ट S.S. मैटेरियल के साथ।

हमने इस किताब के माध्यम से आपको पूरी जानकारी दे दी है। अब आपको क्या करना है?

आपके पास दो रास्ते (विकल्प) हैं जिनका उल्लेख नीचे किया गया है।

1. अब इस समझ व जानकारी का प्रयोग करके बाज़ार में जाकर खुद के लिए सही व अच्छा चूनें व बाज़ार में धोखा खाने से बचें, अपना नुकसान कराने व गलत चुनने से बचें। अपना कीमती पैसा बचाएं।

अन्यथा

2. दूसरा विकल्प है आप हमसे जुड़ें। आपको कहीं पर कोई भी संदेह हो, कुछ समझ न आए तो आप तुरंत हमारे पास आएं। एक्सपर्ट गाइडेंस लें। (Expert Guidance)

आपके मन में जितने भी सवाल हैं हम आपको पूरी जानकारी देंगे ताकि आप अपने घर में सही व स्मार्ट S.S. मैटेरियल का प्रयोग कर पाएं।

मिलने के लिए इस नंबर पर संपर्क करें।

मो.नं. 8130172244, 8130162244

हमारी पूरी टीम हमेशा आपके लिए आपके साथ है।

राधा रमन ट्रेडर्स

आपसे मिलने के इच्छुक......

आभार के साथ प्यार भरा नमस्कार।

सी.ए. शालू गोयल
मनदीप गोयल